RECUEIL
DES DECLARATIONS, ARRESTS, STATUTS, ORDONNANCES ET REGLEMENS

CONCERNANT l'Etabliſſement d'une Compagnie pour le Commerce des Indes Orientales, contenant les Pouvoirs, Privileges & Exemptions à elle accordez par le Roy.

A PARIS,
Chez la Veuve SAUGRAIN, & PIERRE PRAULT, à l'entrée du Quay de Gêvres, du côté du Pont au Change, au Paradis.

M. DCC XVI.

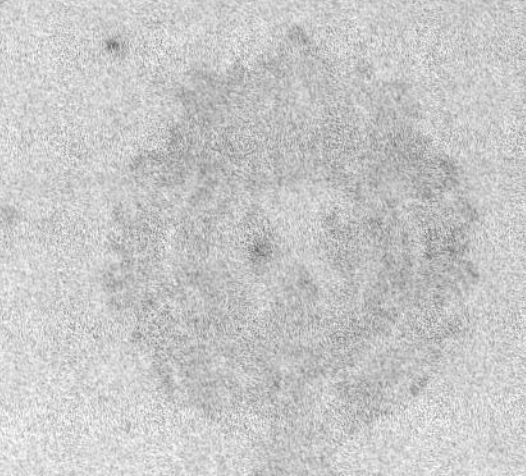

DECLARATIONS DU ROY:

L'une, portant établissement d'une Compagnie pour le Commerce des Indes Occidentales.

ET

L'autre, en faveur des Officiers de son Conseil & Cours Souveraines, Interessez en ladite Compagnie & en celle des Indes Occidentales.

Données à Vincennes au mois d'Aoust 1664.

Registrées en Parlement le premier Septembre 1664.

OUIS PAR LA GRACE DE DIEU, ROY DE FRANCE ET DE NAVARRE: A tous présens & à venir, SALUT. Tous les soins & toute l'application que Nous avons donnez jusqu'à présent à réformer les abus qui se sont glissez dans tous les ordres de nostre Estat, pendant la longue guerre que le feu Roy nostre trés-honoré Seigneur & Pere de glorieuse memoire, & Nous avons esté necessitez de soutenir, nous paroissant clairement approuvez de Dieu, par le succés autant & plus favorable que nous pouvions désirer que sa divine bonté veut bien donner à tous nos desseins: Et estans fortement persuadez que nous ne pouvons répondre dignement aux graces que nous recevons de sa main toute puissante, qu'en donnant aux peuples qui sont soumis à nostre obeïssance les mêmes marques de bonté paternelle que nous recevons de luy tous les jours, & en nostre Personne, & en celles de nostre Famille Royale; Nous sommes conviez d'autant plus à redoubler nostre travail assidu & sans relâche pour procurer à ces mêmes peuples le repos & le soulagement qu'ils ont si bien merité de Nous, par les assistances qu'ils nous ont données pendant la durée d'une si longue guerre. Et d'autant que nous connoissons clairement que la felicité des peuples consiste non-seulement en la diminution considerable des Impositions que nous leurs avons accordées depuis deux ou trois années, mais beaucoup plus au rétablissement du commerce de nostre Royaume, par le moyen duquel seul l'abondance peut estre attirée au dedans, & servir non au luxe & à la profusion d'un petit nombre, comme celle qui provenoit cy-devant de la dissipation de nos Finances, mais à se répandre sur le general des peuples au moyen des manufactures, de la consommation des denrées & de l'employ d'une infinité de personnes presque de tous âges & sexes que le commerce produit, ce qui concilie fort heureusement l'abondance des biens temporels avec celle des spirituels; vû que par le travail assidu les peuples sont éloignez de toutes occasions de mal faire, inseparables de la faineantise. Entre tous les moyens que nous avons souvent examinez pour parvenir à une si bonne fin, & aprés avoir fait plusieurs reflexions sur une matiere de si grande étenduë, Nous nous sommes principalement attachez au commerce qui provient des voyages de long cours, estant certain & par le raisonnement ordinaire & naturel, & par l'experience de nos voisins, que le profit surpasse infiniment la peine & le travail que l'on prend à pénétrer dans les pays si éloignez; ce qui de plus est entierement conforme au genie & à la gloire de nostre nation, & à l'avantage qu'elle a par dessus toutes les autres, de réussir avec facilité en tout ce qu'elle veut entreprendre. C'est ce qui nous auroit obligé d'employer tous nos soins à l'établissement d'une Compagnie puissante pour faire le commerce des Indes Orientales: Et comme nous voyons une infinité de nos

Sujets de toute condition impatiens d'entrer dans cette Compagnie, & de la former, auquel effet ils attendent une Déclaration de nostre volonté pour la commencer & la conduire à une heureuse fin, Nous ne pouvons retarder d'avantage à leur faire connoistre tout ce que nous sommes disposez de faire en cette occasion pour leurs avantages. A ces causes, de l'avis de la Reine nostre trés-honorée Dame & Mere, de nostre trés-cher & trés-amé Frere Unique le Duc d'Orleans, & de plusieurs Princes de nostre Sang, grands & notables Personnages de nostre Conseil : Nous avons par ces Présentes signées de nostre main, dit, statué & ordonné, disons, statuons & ordonnons, voulons & nous plaist.

PREMIEREMENT.

Que la Compagnie des Indes Orientales sera formée de tous nos Sujets de quelque qualité & condition qu'ils soient qui y voudront entrer, pour telles sommes qu'ils estimeront à propos, sans que pour ce, ils dérogent à leur Noblesse & Privileges, dont Nous les avons relevez & dispensez : Et ne pourra chacune part estre moindre de mille livres, ni les augmentations de cinq cens livres pour la facilité des calculs, repartitions & ventes d'actions, desquelles parts le tiers sera fourny comptant pour le premier Armement, & les deux autres tiers en deux années consécutives, également & par moitié dans les mois de Decembre 1665. & 1666. sous la peine à ceux qui ne fourniront pas lesdits deux tiers dans ledit temps, de perdre ce qu'ils auront avancé pour les premier & second payement qui demeurera au profit & dans la masse du fonds de ladite Compagnie, sans qu'aucun Interessé se puisse retirer, sinon en vendant son action, soit à quelqu'autre Interessé ou autre personne qui y gardera toujours la même part, en sorte que le fonds ne soit point diminué, lequel fonds capital sera reputé meuble pour chacun desdits Interessez.

II. Les Directeurs ny les Particuliers interessez ne pourront estre tenus pour quelque cause ou pretexte que ce soit, de fournir aucune somme au-delà de celle pour laquelle ils se seront obligez dans le premier établissement de la Compagnie, soit par maniere de supplément ou autrement.

III. Tous Estrangers & Sujets de quelque Prince & Estat

que ce soit, pourront entrer en ladite Compagnie, & ceux qui y auront mis vingt mille livres de principal seront reputez regnicoles, sans qu'il soit besoin de Lettres de Naturalité, auquel effet leurs parens, quoyqu'Estrangers, leur succederont en tous les biens qu'ils auront en ce Royaume.

IV. Les parts & portions qui appartiendront aux Particuliers interessez en ladite Compagnie, de quelque qualité qu'ils soient, ne pourront estre par Nous saisies ny confisquées à nostre profit, encore qu'ils soient Sujets de Princes & Estats avec lesquels nous pourrions entrer en guerre.

V. Les Directeurs de ladite Compagnie ne pourront estre inquietez ny contraints en leurs personnes & biens pour raison des affaires de ladite Compagnie, ny les effets d'icelle susceptibles d'aucuns hypoteques pour nos affaires, ny saisis pour ce qui pourroit nous estre dû par les Particuliers Interessez en icelle.

VI. Les Officiers qui auront une part de vingt mille livres dans ladite Compagnie, seront dispensez de faire la résidence à laquelle ils sont obligez par nos Déclarations & Edits des mois de Decembre & Mars derniers, aux lieux de leurs établissemens, & ne laisseront de joüir de leurs droits, gages & épices comme s'ils estoient présens.

VII. Tous ceux qui mettront jusqu'à la somme de huit mille livres à ladite Compagnie, acquereront le droit de Bourgeoisie dans les Villes de leurs demeures, à la réserve des Villes de Paris, Roüen, Bordeaux & Bayonne, esquelles ils ne pourront acquerir ledit droit, s'ils ne sont interessez du moins pour vingt mille livres en ladite Compagnie.

VIII. Tous ceux qui voudront entrer en ladite Compagnie, seront obligez de le déclarer dans six mois, à compter du jour que la présente Déclaration aura esté lûë & registrée au Parlement de Paris, en fin duquel temps nul ne sera plus admis ny reçû en ladite Compagnie, & ceux de nostre bonne Ville de Paris qui se seront déclarez, & auront fourny leurs parts, nommeront trois mois aprés ledit enregistrement, les Directeurs de nostredite Ville de Paris.

IX. La Chambre ou Direction generale des affaires de ladite Compagnie, sera établie en nostre bonne Ville de Paris, & sera composée de vingt & un Directeurs, douze de nostredite Ville de Paris, & neuf des Villes des Provinces, lesquels seront nommez & choisis; sçavoir les douze par les Interessez de nostredite bonne Ville de Paris, & les neuf par les Interessez desdites Villes ou Provinces, chacune à proportion des sommes qu'elle aura mis dans ladite Compagnie, ce qui sera reglé par la Chambre de la Direction generale, ainsi qu'il sera dit cy-aprés.

X. En attendant que ladite Compagnie soit entierement formée & establie, les Interessez des Villes ou Provinces cy-aprés, s'assembleront pour choisir & nommer le nombre de quinze Sindics; sçavoir trois pour la Ville de Roüen, deux pour la Ville de Lyon, & un pour chacune des Villes de Nantes, Saint Malo, la Rochelle, Marseille, Tours, Caën, Dieppe, le Havre & Dunkerque; lesquels Sindics seront tenus de se trouver en nostredite Ville de Paris, le premier jour de Decembre prochain, pour avec les Directeurs d'icelle composer ladite Chambre de la Direction generale, seulement pour examiner & choisir les Villes où il sera à propos d'établir des Chambres de Directions particulieres, & du nombre des Directeurs qui composeront lesdites Chambres, ensemble le nombre des Directeurs qui auront entrée & feront partie de ladite Chambre de la Direction generale de Paris, auquel temps le nombre des Directeurs Generaux pourra estre augmenté ou diminué, & si aucuns desdits Sindics ne se trouvent audit jour, il sera passé outre à ce que dessus par les présens.

XI. Un mois aprés le choix ainsi fait desdites Villes, & le nombre desdits Directeurs arrestez, les Particuliers desdites Villes & des Provinces, qui seront interessez en ladite Compagnie, s'assembleront & feront élection du nombre des Directeurs qui aura esté arresté à la Direction generale, pour composer la Direction particuliere, & nommeront ceux qui assisteront à ladite Direction generale à Paris, lesquels seront obligez de s'y rendre incessamment: Et pourront lesdits Interessez des Provinces, nommer leur Caissier pour recevoir leurs deniers, & les remettre au Caissier general en nostredite Ville de Paris, qui a esté nommé pour la premiere fois par les Sindics d'icelle, lequel fera ladite recepte, jusqu'à ce que la Chambre generale soit établie, comptera de son maniment à ladite Chambre, auquel temps lesdits Sindics demeureront déchargez.

XII. Les Directeurs seront choisis du nombre des Marchands & Negocians actuellement au moins pour les trois quarts ; & pour l'autre quart, de Marchands retirez du commerce, de nos Secretaires, Maison & Couronne, qui auront esté dans le commerce, & de deux Bourgeois, quoyqu'ils n'ayent fait aucun commerce, & sans que le nombre de deux puisse augmenter, ny qu'aucune autre personne de quelque estat, qualité & condition que ce soit, puisse estre élû Directeur.

XIII. Ne pourra aucun des Interessez en ladite Compagnie, avoir voix déliberative pour l'élection des Directeur, Caissier & Secretaire, s'il n'a du moins six mille livres, ny élû pour estre Directeur en nostredite bonne Ville de Paris, s'il n'a du moins vingt mille livres, & Directeur pour les Provinces, dix mille liv. le tout d'interest en ladite Compagnie.

XIV. Les premiers Directeurs élûs, ainsi qu'il est cy-dessus dit, serviront sept années consécutives, lequel temps expiré, il en sera changé deux tous les ans à Paris, & un aux autres Chambres ; lesquels changemens pendant les cinq premieres années se feront au sort, & ensuite alternativement aprés le temps de chacun Directeur expiré. Et en cas de mort pendant les sept premieres années, il en sera élû en leurs places par les autres Directeurs de leurs etablissemens. Et pourra un Directeur déposé estre nommé de nouveau Directeur aprés six ans de repos, & ne pourront estre Directeurs, ensemble le pere & les enfans & gendres, ny les freres & beaufreres.

XV. Les Directeurs desdites Chambres generale & particulieres, présideront en chacune d'icelles, tour à tour, de mois en mois, à commencer par le plus ancien ou autrement, ainsi qu'il sera avisé aprés que la Chambre generale sera etablie.

XVI. Ladite Chambre de la Direction generale, pourra faire Statuts & Reglemens, pour le bien & avantage de ladite Compagnie, lesquels seront executez selon leur forme & teneur.

XVII. Les Secretaires & Caissier general de la Compagnie en France, seront nommez à la pluralité des voix, par tous lesdits Interessez qui auront droit de nommer les Directeurs, & ne pourront estre destituez qu'en la même maniere.

XVIII. SERA tenu tous les ans une Assemblée generale le deuxiéme jour de May, pour déliberer sur les affaires plus importantes de la Compagnie, en laquelle ceux qui auront voix déliberative pourront assister, & y seront nommez les Directeurs Generaux, à la pluralité des voix, les temps cy-dessus expirez.

XIX. TOUS les comptes des Chambres de Direction particulieres des Provinces, seront envoyez de six en six mois à la Chambre de la Direction generale de nostredite Ville de Paris, en laquelle les Livres de raison seront examinez, vûs & arrestez. Et sera chacun an rendu un compte general de tous les effets de ladite Compagnie, par les Caissier general & Teneur de Livres, lequel sera arresté, & ensuite les partages des profits faits, le tout par ladite Chambre de la Direction generale de nostredite Ville de Paris, sans qu'aucuns des Particuliers interessez puissent pour quelque occasion que ce soit, prétendre d'autre compte que ledit compte general, dont le Bordereau ou abregé sera lû & examiné en l'Assemblée generale au jour cy-dessus.

XX. LESDITES Chambres de Direction generale & particulieres, nommeront les Officiers qui seront necessaires pour tenir les Caisses, les Livres de raison & les comptes. Et feront les Directeurs particuliers les achapts & ventes, les armemens & équipages, payeront les gages & autres dépenses ordinaires chacun dans son département, suivant ce qui aura esté arresté par la Chambre de la Direction generale de nôtre Ville de Paris, laquelle reglera & decidera tout ce qui sera necessaire pour le bien & avantage de ladite Compagnie.

XXI. LES Directeurs des Chambres generales & particulieres, feront écrire sur leurs Livres tous les gages & salaires qu'ils donneront à leurs officiers, serviteurs, commis, ouvriers, soldats & autres, lesquels Livres seront crus en Justice, & serviront de décision sur les demandes ou pretentions que l'on pourroit avoir contre ladite Compagnie. Et ne pourront les gages de ceux employez par ladite Compagnie, estre saisis ny arrestez pour quelque cause & occasion que ce soit.

XXII. NE pourront estre saisis les effets de ladite Compagnie par les creanciers d'aucuns des Interessez, pour raison de leurs dettes particulieres, par vertu de Sentences ny Arrests.

Et ne pourra estre étably de Commissaires ou Gardiens ausdits effets; déclarant nul tout ce qui pourra estre fait au préjudice. Et ne seront tenus les Directeurs de ladite Compagnie de faire voir l'état desdits effets, ny rendre aucun compte aux creanciers desdits Interessez, sauf ausdits creanciers à faire saisir & arrester entre les mains du Caissier general & Teneur de Livres de ladite Compagnie, ce qui pourra revenir ausdits Interessez par les comptes qui seront arrestez par la Compagnie, ausquels ils seront tenus de se rapporter.

XXIII. Ne sera donné aucunes Lettres d'Estat, Répy, Révocation, ny Surséance, à ceux qui auront acheté des effets de ladite Compagnie, ou vendu des choses servant à icelle, en sorte qu'elle demeure toûjours en estat de faire contraindre les debiteurs par les voyes, & ainsi qu'ils y seront obligez.

XXIV. Tous differens qui pourront naistre entre les Directeurs & Interessez en ladite Compagnie, ou entre les Interessez pour raison des affaires d'icelle, seront jugez & terminez à l'amiable, par trois Directeurs, dont sera convenu par les parties, sinon il en sera nommé d'office sur le champ par les Chambres de Direction generale & particulieres des lieux où se trouveront les differens, afin d'arrester par ce moyen la suite des procés & divisions qui pourroient arriver en ladite Compagnie; ausquels jugemens les Parties seront tenus d'acquiescer, comme si c'estoit Arrest de Cour Souveraine, à peine de tous dépens, dommages & interests.

XXV. Tous differens qui surviendront pour quelque cause que ce soit, concernant ladite Compagnie, entre deux ou plusieurs Directeurs ou interessez, & un particulier pour les affaires de ladite Compagnie, circonstances & dépendances, seront jugez & terminez par la Justice Consulaire, ou par les Juges qui en font les fonctions, à l'exclusion de tous autres, dont les Sentences & Jugemens s'executeront souverainement & sans appel jusqu'à la somme de quinze cens livres; & pour les affaires au-dessus, les Jugemens & Sentences seront executez nonobstant oppositions ou appellations quelconques, & sans préjudice d'icelles, dont l'appel ressortira devant les Juges ordinaires qui en doivent connoistre. Auquel effet nous ferons établir ladite Justice Consulaire dans les Villes où elle n'est point, & qui sera necessaire.

XXVI.

XXVI. TOUTES les matieres criminelles dans lesquelles ladite Compagnie sera partie, ou aucuns des Interessez pour les affaires d'icelle, soit en demendant ou défendant, seront jugées par les Juges ordinaires ; à la charge toutefois, que pour quelque cause & sous quelque prétexte que ce soit, le criminel ne pourra jamais attirer le civil, lequel sera toûjours jugé ainsi qu'il est cy-devant dit.

XXVII. LADITE Compagnie pourra naviger & négocier seule, à l'exclusion de tous nos autres Sujets, depuis le Cap de Bonne Esperance jusques dans toutes les Indes & Mers Orientales, même depuis le Détroit de Magellan & le Maire, dans toutes les Mers du Zud, pour le temps de 50. années consécutives, à commencer du jour que les premiers Vaisseaux sortiront du Royaume, pendant lequel temps, il est fait trés-expresses défenses à toutes personnes de faire ladite navigation & commerce, à peine contre les contrevenans de confiscation de Vaisseaux, armes, munitions & Marchandises, applicables au profit de ladite Compagnie.

XXVIII. APPARTIENDRA à ladite Compagnie à perpetuité, en toute proprieté, Justice & Seigneuries, toutes les Terres, Places & Isles qu'elle pourra conquerir sur nos ennemis, ou qu'elle pourra ocuper, soit qu'elles soient abandonnées, desertes ou occupées par les Barbares, avec tous droits de Seigneurie sur les mines, minieres d'or & d'argent, cuivre & plomb, & tous autres mineraux, même le droit d'esclavage, & autres droits utiles qui pourroient nous appartenir à cause de la Souveraineté esdits Pays.

XXIX. NOUS avons donné, concedé & octroyé, donnons, concedons & octroyons à ladite Compagnie, l'Isle de Madagascar ou Saint Laurent, avec les Isles circonvoisines, Forts, Habitations qui peuvent y avoir esté construites par nosSujets, & en tant que besoin est, Nous avons subrogé ladite Compagnie à celle cy-devant établie pour ladite Isle de Madagascar, en consequence du Contrat de délaissement fait par les Interessez de ladite ancienne Compagnie, avec les Syndics de la nouvelle, passé par les Notaires au Chastelet de Paris le jour du présent mois, que nous avons approuvé & ratifié, approuvons & ratifions par ces Présentes, pour en joüir par lad. Compagnie à perpetuité en toute proprieté, Seigneurie &

Justice, ensemble des droits contenus au precedent article, ne nous réservant aucun droit ny devoir pour tous lesdits Pays compris en la présente concession, que la seule foy & hommage lige que ladite Compagnie sera tenuë de nous rendre, & à nos successeurs Rois, avec la redevance à chacune mutation, de Roy, d'une Couronne & un Sceptre d'or, du poids de cent marcs.

XXX. Sera tenuë ladite Compagnie établir des Ecclesiastiques esdites Isles de Madagascar & autres lieux qu'elle aura conquis, en tel nombre & de telle qualité qu'elle trouvera à propos, pour instruire les peuples en la Religion Catholique, Apostolique & Romaine, bâtir des Eglises pour y habituer lesdits Ecclesiastiques, avec la qualité de Curez ou autres Dignitez, pour faire le Service Divin, & administrer les Sacremens, & pour cet effet de prendre les Institutions necessaires. Et seront à la nomination de ladite Compagnie lesdits Curez & autres Dignitez, lesquels elle entretiendra honnestement & decemment, en attendant qu'elle puisse leur destiner des revenus pour les faire subsister.

XXXI. Aura ladite Compagnie le pouvoir & faculté d'établir des Juges pour l'exercice de la Justice Souveraine & de la Marine, dans toute l'etenduë desdits Pays, & autres qu'ils soumettront à nostre obeïssance, & même sur tous les François qui s'y habituëront, à la charge toutesfois que ladite Compagnie nous nommera les personnes qu'elle aura choisies pour l'exercice de ladite Justice Souveraine, lesquelles nous prêteront le serment de fidelité, rendront la Justice gratuitement, & feront les Arrests intitulez de nostre Nom, à laquelle fin seront expediées des Provisions ou Commissions pour lesdits Juges, scellées de nostre grand Sceau.

XXXII. Les Officiers établis pour ladite Justice Souveraine, pourront établir tel nombre d'Officiers subalternes, & en tels lieux qu'ils jugeront à propos, ausquels ils feront expedier des Provisions ou Commissions sous notre Nom, scellées de nôtre grand Sceau; lesquels Officiers subalternes rendront aussi la Justice gratuitement.

XXXIII. Seront les Juges établis en tous lesdits lieux, tenus de juger suivant les Loix & Ordonnances de nôtre Royaume de France, & de suivre & se conformer à la Coûtume de la Prevôté & Vicomté de Paris, suivant laquelle les Habitans pourront contracter, sans que l'on y puisse introduire aucune coûtume pour éviter la diversité.

XXXIV. Pour l'execution des Arrests, & pour tous Actes où nostre Sceau sera necessaire; il en sera étably un qui sera remis entre les mains de celuy qui présidera à ladite Justice Souveraine.

XXXV. Pour le commandement des Armes, ladite Compagnie nous nommera un Lieutenant General du Pays & autres qui seront conquis, lequel sera par nous pourvû, & son serment de fidelité reçû, & en cas que sa conduite ne soit pas agréable à ladite Compagnie, elle en pourra nommer un autre, qui sera de même par nous pourvû & reçû.

XXXVI. Ladite Compagnie pourra envoyer des Ambassadeurs en nostre nom vers les Roys des Indes, & faire traitez avec eux soit de paix ou de treve, même de déclarer la guerre, & faire tous autres actes qu'elle jugera à propos pour l'avantage dudit commerce.

XXXVII. Pourra ladite Compagnie équipper & armer tel nombre de Vaisseaux qu'elle verra bon estre, soit de guerre ou de commerce, arborer sur l'arriere d'iceux le Pavillon blanc avec les Armes de France, établir des Garnisons dans toutes les Places cy-dessus, ou qui seront conquises ou bâties, de tel nombre de Compagnies & d'hommes qu'elle estimera necessaire, y mettre armes, canons & munitions, faire fondre canons & autres armes en tous les lieux & en tel nombre qu'elle aura besoin, sur lesquels seront empreintes nos armes, & au-dessous celles de ladite Compagnie, qui fera tout ce qu'elle croira necessaire pour la sûreté desdites Places, lesquelles seront commandées par des Capitaines & Officiers de toute qualité, qu'elle pourra instituer & destituer, ainsi qu'elle verra bon estre; à la charge toutefois qu'il nous prêteront serment de fidelité, & ensuite serment particulier à ladite Compagnie.

XXXVIII. Et pour favoriser d'autant plus les Habitans desdits Pays concedez, & porter nos Sujets à s'y habituer, Nous voulons que ceux qui passeront dans lesdits Pays, joüissent des mêmes libertez & franchises que s'ils estoient demeurans en ce Royame, & que ceux qui naîtront d'eux, & des

Habitans desdits Pays convertis à la Foy Catholique, Apostolique & Romaine, soient censez & reputez Regnicoles & naturels François, & comme tels capables de toutes successions, dons, legs & autres dispositions, sans estre obligez d'obtenir aucunes Lettres de naturalité, & que les Artisans qui auront exercé leurs Arts & Metiers ausdits Pays pendant huit années consécutives, en rapportant certificats des Officiers des lieux où ils auront demeuré, attestez par les Directeurs de ladite Compagnie, soient réputez Maistres de chef-d'œuvres en toutes les Villes de nostre Royaume où ils voudront s'établir sans aucune exception.

XXXIX. S'il est fait aucunes prises par les Vaisseaux de lad. Compagnie sur les ennemis de l'Etat, au-delà de la Ligne & dans les Mers des Pays concedez, elles luy appartiendront, & seront jugées par les Officiers qui seront établis dans les lieux desdits Pays où elles pourront estre menées plus commodément suivant les Ordonnances de la Marine, sauf l'appel à ladite Justice Souveraine.

XL. Nous promettons à ladite Compagnie de la proteger & defendre envers & contre tous, & d'employer la force de nos armes en toutes occasions pour la maintenir dans la liberté entiere de son commerce & navigation, & luy faire faire raison de toutes injures & mauvais traitemens, en cas qu'aucune Nation voulût entreprendre contre ladite Compagnie; de faire escorter ses envoys & retours à nos frais & dépens, par tel nombre de Vaisseaux de Guerre que la Compagnie aura besoin, non-seulement par toutes les Côtes de l'Europe & de l'Afrique, mais même jusques dans les Indes.

XLI. Nous promettons faire fournir à ladite Compagnie pour ses armemens & équipages, la quantité de cent muids de Sel pour ses salaisons & équipages en la Ville du Havre de Grace ou autres lieux où elle fera lesdites salaisons, par les mains des Commis des Greniers, en payant seulement le prix du Marchand, à condition toutefois de s'en servir de bonne foy, & sans en abuser.

XLII. Nous avons accordé à ladite Compagnie, la liberté de prendre pour ses Armes un Ecusson de forme ronde, le fond d'azur chargé d'une fleur de lys d'or, enfermé de deux branches, l'une de Palme & l'autre d'Olivier jointes en haut

& portant une autre fleur de lys d'or, pour devise, *Florebo quocunque ferar*, & pour suport deux figures, l'une de Paix & l'autre de l'abondance, desquelles armes ladite Compagnie se pourra servir dans ses sceaux & cachets, & les faire apposer sur ses Canons, Armes, Vaisseaux, Edifices, & par tout ailleurs qu'elle avisera.

XLIII. La Compagnie sera exempte pendant le temps du présent Privilege, de tous droits d'entrée pour les bois, chanvre, fer, cordages, munitions de guerre & autres choses necessaires au bâtiment & avitaillement de ses Vaisseaux, ensemble lesdits Vaisseaux & Marchandises exemts des droits d'Admirauté & Debris.

XLIV. Les Marchandises qui viendront des Indes, qui seront déchargées dans les Ports du Royaume, pour estre ensuite transportées dans les Pays Etrangers, ou exemts de Foraine, ne payeront aucuns droits d'entrée ny de sortie, & seront mises en depost dans les Magasins des Doüannes & Havres des lieux où elles arriveront, où il y en a, & où il n'y en a point, elles seront plombées & mises en dépost jusqu'à ce qu'elles soient enlevées, ausquels lieux les Preposez par ladite Compagnie donneront déclaration d'icelles aux Interessez ou Commis des Cinq-Grosses Fermes, signée de l'un des Directeurs de ladite Compagnie, & lors que lesdits Preposez voudront les transporter ailleurs, ils prendront acquit à caution de rapporter dans un certain temps, certification comme elles y seront arrivées: & pour les Marchandises inconnuës & non portées par le Tarif, elles payeront trois pour cent, suivant l'évaluation qui en sera faite par la Chambre de la Direction generale de ladite Compagnie de nostre bonne Ville de Paris.

XLV. Et pour marque de nôtre bonté paternelle pour nos Sujets, & pour donner lieu à l'établissement de ladite Compagnie, si avantageux aux Particuliers & à l'Etat, Nous promettons d'avancer présentement de nos deniers le cinquiéme de toute la dépense qu'il conviendra faire pour les trois premiers armemens, en sorte que nous ferons incessamment délivrer au Preposé nommé par la Compagnie pour recevoir les deniers, la somme de trois cens mille livres, & au même temps, qu'il aura reçû des Interessez quatre cens mille livres, nous luy ferons délivrer autres trois cens mille livres, & ainsi consécutivement jusqu'à la somme de trois millions de livres pour trois cinquiémes de la somme de quinze millions de livres à laquelle nous avons fixé le fonds total de ladite Compagnie, lesquels trois cinquiémes nous fournirons la premiere année, à mesure que tous les Interessez en fourniront quatre, attenduque nous ne fournirons rien auxdeux années suivantes, laquelle somme nous voulons bien prêter à ladite Compagnie sans aucun interest, ny même sans y vouloir prendre part, mais seulement nous nous contentons que ladite Compagnie s'oblige de nous rendre ladite somme sans interest, à la fin des dix premieres années, à compter du jour que le premier fonds capital de ladite Compagnie aura esté achevé; & en cas qu'à la fin desdites dix années il se trouvât par le Compte general qui sera fait alors, que ladite Compagnie eust perdu de son capital, Nous voulons que toute la perte tombe sur la somme que nous aurons fait avancer à ladite Compagnie, le Compte de tous les effets de laquelle sera arrêté par la Chambre de la Direction generale à Paris, sans que ladite Compagnie soit obligée de compter en nos Chambres des Comptes ny ailleurs, dont nous l'avons dispensé & dispensons par ces Présentes.

XLVI. Et pour donner moyen à ladite Compagnie de soûtenir les grandes dépenses qu'elle sera obligée de faire pour ses établissemens dans des Pays si éloignez, Nous promettons de luy faire payer pour chacun voyage de ses Vaisseaux qui feront leurs équipemens & cargaisons dans les Ports & Havres de France, pour décharger dans lesdits Pays concedez, & feront leurs retours dans les Ports du Royaume, la somme de cinquante livres tournois pour chacun tonneau de Marchandises qu'ils porteront dans lesdits Païs, & la somme de soixante quinze livres pour chacun Tonneau de Marchandises qu'ils en rapporteront & déchargeront en ce Royaume, dont nous avons fait & faisons don à ladite Compagnie, à quelque somme que le tout se puisse monter, sans que pour ce il soit besoin d'autres Lettres que ces Présentes. Voulons & nous plaist que lesdites sommes soient payées au Caissier general de ladite Compagnie, par le Garde de nostre Trésor Royal, sur les certifications de deux desdits Directeurs, & passées sans difficulté en ses comptes où il appartiendra.

XLVII. Et d'autant que le succés de ce grand dessein dépendra particulierement de la conduite & vigilance des Directeurs, Nous promettons à ceux qui se seront bien acquitez desdits emplois, de leur donner des marques d'honneur qui passeront jusques à leurs posteritez, même à ceux des Officiers & Gens du Conseil general qui sera estabi par ladite Compagnie à Madagascar, ou au lieu principal de son commerce dans les Indes.

XLVIII. Si donnons en mandement à nos amez & féaux Conseillers les Gens tenans nostre Cour de Parlement à Paris, que ces Présentes ils fassent lire, publier & registrer, entretenir, garder & observer de point en point selon leur forme & teneur, nonobstant tous Edits, Ordonnances, Reglemens & autres Lettres à ce contraires: Car tel est nostre plaisir. Et afin que ce soit chose ferme & stable à toûjours, Nous y avons fait mettre & aposer nostre Scel. Donné à Vincennes au mois d'Aoust, l'an de grace mil six cens soixante-quatre, & de nostre Regne le vingt-deuxiéme. Signé, LOUIS; Et plus bas, Par le Roy, De Guenegaud. Et à costé est écrit: *Visa*, Seguier, pour servir aux Lettres Patentes portant l'établissement de la Compagnie du Commerce aux Indes Orientales.

Registrées, oüy le Procureur General du Roy, pour estre executées selon leur forme & teneur, aux charges portees par l'Arrest de ce jour. A Paris en Parlement, ce premier Septembre mil six cens soixante-quatre Signé, Robert.

Arrest d'Enregistrement du Parlement.

VEU PAR LA COUR les Lettres Patentes du Roy, données à Vincennes le mois d'Aoust dernier 1664. Signées, LOUIS: *Et plus bas*, par le Roy, De Guenegaud, & scellées sur lacs de soye du grand Sceau de cire verte, par lesquelles, & pour les considerations y contenuës, ledit Seigneur Roy auroit étably une Compagnie puissante pour faire le Commerce des Indes Orientales; & pour y parvenir, auroit dit, statué & ordonné, veut & luy plaist: Premierement, que ladite Compagnie des Indes Orientales soit formée de tous ses Sujets de quelque qualité & condition qu'ils soient, qui y voudront entrer, pour telles sommes qu'ils estimeroient à propos, sans que pour ce, ils dérogent à leur Noblesse & Privilege, dont ledit Seigneur les a relevez & dispensez, & ne pourra chacune part estre moindre de mille livres, ny les augmentations de cinq cens livres, pour la facilité des calculs, repartitions & ventes d'actions, & ainsi que plus au long le contiennent lesdites Lettres au nombre de quarante-huit Articles, à la Cour addressantes, Conclusions du Procureur General du Roy, la matiere mise en déliberation. LA COUR a ordonné & ordonne, que lesdites Lettres seront registrées au Greffe, pour estre executées selon leur forme & teneur, & pour l'execution du trentiéme Article d'icelles dans les Colonies établies ou à établir, fait défenses d'y faire passer aucunes personnes qui enseignent ouvertement ou secretement aucune doctrine contraire à la Religion Catholique, Apostolique & Romaine; & à la charge que les appellations des Sentences des Juges-Consuls seront relevées en la Cour, que les contestations & procés qui naîtront és Villes & Lieux où il n'y aura des Juges-Consuls, seront jugées és Villes & Lieux les plus prochains où il y en aura, & que le privilege accordé par le trente-huitiéme Article, ne s'etendra aux Apoticaires, Chirurgiens, Maistre de Monoyes & Orfévre. FAIT en Parlement le premier Septembre mil six cens soixante-quatre.

Signé, DU TILLET.

DECLARATION DU ROY,

En faveur des Officiers de son Conseil, & de ses Cours Souveraines, interessées és Compagnies des Indes Orientales & Occidentales.

Du vingt-septiéme Aoust 1664.

Vérifiée en Parlement le premier Septembre suivant.

LOUIS par la grace de Dieu, Roy de France & de Navarre: A tous ceux qui ces Présentes verront, SALUT. Ayant

Ayant par nos Declarations des mois de May & présent, formé & étably en ce Royaume deux grandes Compagnies pour faire seules le Commerce des Indes Orientales & Occidentales, & concedé à chacune desdites Compagnies en toute proprieté, Seigneurie & Justice, toutes les Terres qui sont ou ont esté cy-devant occupées par nos Sujets en l'étenduë desdits Pays, & celles qui ne sont presentement possedées par aucuns Princes qui soient dans nostre alliance, avec plusieurs Privileges & Exemptions, ainsi qu'il est plus amplement contenu ausdites Declarations, nous aurions pour donner lieu à tous nos Sujets de pouvoir contribuer à cet établissement, aussi glorieux à l'Etat, qu'utile aux Particuliers, non-seulement permis à toutes personnes de quelque qualité & condition qu'elles soient, de prendre interest dans lesdites Compagnies, sans pour ce déroger en aucune façon à leur naissance, qualité & privileges, mais aussi puissamment excitez par nostre exemple, celuy de la Reine nostre trés-honorée Dame & Mere, & de la Reine nostre trés-chere Epouse & Compagne, de nôtre trés cher Fils le Dauphin, tous les Princes de nostre Sang, autres Princes, Officiers de nostre Couronne, de nos Conseils & de toutes nos Compagnies Souveraines, ensemble tous nos Sujets de contribuer à ce grand Ouvrage, participer en ce faisant à l'avantage que nôtre Sainte Religion Catholique, Apostolique & Romaine, & la chose publique de nôtre Royaume en doivent recevoir; & ce afin que lesdites Compagnies estant remplies de tout ce qu'il y a de grand & de considerable dans nôtre Etat, elles puissent subsister avec l'éclat qu'elles meritent, & que cette union d'interests les oblige tous à travailler au bon succés que nous en attendons. Mais comme il pourroit arriver que les Officiers de nos Conseils & de nos Cours Souveraines, & autres Officiers de nostre Royaume, qui ont pris ou prendront interests dans l'une ou l'autre desdites Compagnies, pourroient estre recusez dans les affaires où il s'agiroit du fait desdites Compagnies en general, ou de l'interest des particuliers qui les composent, ce qui ne seroit nullement raisonnable; puisque ces Compagnies sont affaires publiques dans lesquelles les Compagnies & les Particuliers sont également interessez, ce que voulant prévenir, comme chose contraire à nostre intention, & au bien desdites Compagnies. A CES CAUSES, aprés nous estre fait representer les susdites

Déclarations en nostre Conseil, où estoient nostre trés-honorée Dame & Mere, nostre trés-cher Frere le Duc d'Orleans, autres Princes, grands & notables personnages de nostredit Conseil: Nous avons par ces Présentes signées de nostre main, dit, declaré, disons, déclarons, voulons & nous plaist, que les Officiers qui ont l'honneur d'entrer dans nos Conseils, ceux de nos Cours Souveraines, & autres Officiers de nostre Royaume, qui seront interessez dans l'une ou l'autre Compagnie, puissent connoistre & juger de tous proces & differens en matiere civile & criminelle d'entre lesdites Compagnies, ou Interessez, & les Particuliers contre lesquels ils auront à demander ou deffendre, pour raison des affaires d'icelles, sans que sous pretexte de l'interest que lesdits Officiers auront dans lesdites Compagnies, ils puissent estre aucunement recusez, ny même les parens des Interessez ausdites Compagnies, faisant trés - expresses deffenses à nosdites Cours de recevoir aucune Requeste de récusation contre lesdits Officiers, lesquels ne pourront s'abstenir de connoistre desdits Procés & differens, & ce nonobstant toutes Ordonnances, Arrests & Reglemens contraires, ausquels pour ce regard, Nous avons dérogé & dérogeons par ces Présentes, & aux dérogatoires y contenuës. SI DONNONS EN MANDEMENT à nos amez & feaux Conseillers les Gens tenans nostre Cour de Parlement à Paris, que ces Présentes ils fassent lire, publier & registrer, & le contenu en icelles garder & observer selon leur forme & teneur: CAR tel est nostre plaisir. En témoin de quoy, Nous avons fait mettre nostre Scel à cesdites Présentes. DONNÉ à Vincennes le vingt-septiéme jour d'Aoust, l'an de grace mil six cens soixante-quatre, & de nostre Regne le vingt-deuxiéme. Signé, LOUIS; Et sur le reply, Par le Roy, DE GUENEGAUD.

Registrées, oüy le Procureur General du Roy, pour estre executées selon leur forme & teneur, aux charges portées par l'Arrest de ce jour. A Paris en Parlement, le premier Septembre 1664. Signé, ROBERT

Arrest d'Enregistrement du Parlement.

VEU par la Cour les Lettres Patentes du Roy, données à Vincennes le vingt-septiéme du mois d'Aoust dernier, signées LOUIS, & sur le reply, Par le Roy, DE GUENEGAUD,

& scellées du grand Sceau de cire jaune, par lesquelles, & pour les considerations y contenuës, ledit Seigneur Roy dit & déclare, veut & luy plaist, que les Officiers qui ont l'honneur d'entrer dans ses Conseils, ceux de ses Compagnies Souveraines & autres Officiers de son Royaume, qui seront interessez dans l'une ou l'autre Compagnie des Indes Orientales ou Occidentales, puissent connoistre & juger de tous procés & differens, en matiere civile & criminelle d'entre lesdites Compagnies, ou Interessez, & les Particuliers contre lesquels ils auront à demander ou défendre, pour raison des affaires d'icelles, sans que sous prétexte de l'interest que lesdits Officiers auront dans lesdites Compagnies, ils puissent estre aucunement recusez, ny même les parens desdits Interessez ausdites Compagnies, faisant trés-expresses défenses à ses Cours de recevoir aucunes Requestes de récusation contre lesdits Officiers, lesquels ne pourront s'abstenir de connoistre desdits procés differens, & ce nonobstant toute Ordonnance, Arrests & Reglemens à ce contraires, ausquels pour ce regard ledit Seigneur Roy auroit dérogé, ainsi que plus au long le contiennent lesdites Lettres à la Cour adressantes, Conclusions du Procureur General du Roy, la matiere mise en déliberation. LA COUR a ordonné & ordonne que lesdites Lettres seront registrées au Greffe, pour estre executées selon leur forme & teneur, sans neantmoins que les contestations & procés des Particuliers de ladite Compagnie contr'autres Particuliers, puissent estre jugées par leurs parens, lesquels pourront estre recusez aux termes des Ordonnances, Arrests & Reglemens, ainsi qu'il est accoûtumé de ce faire en autres causes. Fait en Parlement le premier Septembre mil six cens soixante-quatre. Signé, DU TILLET.

Registrées en la Chambre des Comptes, oüy & ce requerant le Procureur General du Roy, pour estre executées selon leur forme & teneur, suivant l'Arrest sur ce fait le onziéme jour de Septembre 1664. Signé, RICHER.

Arrest d'Enregistrement de la Chambre des Comptes.

VEU par la Chambre les Lettres Patentes du Roy en forme d'Edit du mois d'Aoust de la présente année

1664. signées LOUIS, & plus bas, Par le Roy DE GUENEGAUD, & scellées, par lesquelles, & pour les considerations y contenuës, Sa Majesté voulant établir une puissante Compagnie pour le commerce des Indes Orientales, & satisfaire à l'impatience qu'ont ses Sujets de toutes conditions d'y entrer & de la former ; veut & ordonne que ladite Compagnie des Indes Orientales soit formée de tous Sujets de quelque qualité & condition qu'ils soient qui y voudront entrer, pour telles sommes qu'ils trouveront à propos, lesquelles neanmoins ne pourront estre moindres que de mille livres, sans que pour ce ils dérogent à leur Noblesse, Droits & Privileges dont Sadite Majesté les a relevez & dispensez, & aux autres charges, clauses & conditions portées par lesdites Lettres; Conclusions du Procureur General: ET TOUT CONSIDERÉ: LA CHAMBRE a ordonné & ordonne lesdites Lettres d'Edit estre registrées, pour estre executées selon leur forme & teneur: & que pour l'execution des trois & sixiéme Articles, les Etrangers qui entreront en ladite Compagnie pour la somme de vingt mille livres & au-dessus, seront reputez Regnicoles, & joüiront du privilege de naturalité pendant le temps qu'ils seront actuellement interessez, & aprés incommutablement, pourveu qu'ils y ayent demeuré l'espace de vingt années, & non autrement, & qu'aprés les six mois accordez par Sa Majesté pour former ladite Compagnie expirez, les Etrangers qui voudront joüir dudit Privilege de Naturalité, & les Officiers qui voudront estre dispensez de la résidence, seront tenus de remettre au Greffe de la Chambre un Certificat des Directeurs Generaux de ladite Compagnie, avec copie de la Quitance du Caissier bien & dûëment controllée. Sur le neuviéme Article, qu'à la diligence du Procureur General, l'Acte de nomination qui sera faite d'année en année, des Directeurs de ladite Compagnie, sera apporté au Greffe de la Chambre, pour y avoir recours, quand besoin sera. Sur les vingt-huit & vingt-neuviéme, que lesdits Directeurs de ladite Compagnie seront tenus d'apporter en la Chambre l'Acte de foy & hommage qu'ils feront à chaque mutation de Rois, pour raison des Isles & Terres y mentionnées, avec une déclaration de la consistance & etenduës d'icelles, pour y estre conservée. Sur le trente-sixiéme, que les Traitez de Paix qui seront faits, ensemble les Lettres de Ratification d'iceux, seront aussi apportez és Registres en la Chambre. Sur le quarante-deuxiéme, que les Armes de Sa Majesté seront mises & apposées aux Edifices publics, Vaisseaux & Canons qui seront faits, & au-dessous celles qui seront accordées par Sa Majesté à ladite Compagnie. Sur le quarante-sixiéme, que pour l'allocation des sommes qui seront employées en dépense dans les Comptes du Garde du Trésor Royal, pour le don des cinquante livres, & soixante-quinze livres accordées par Sa Majesté à ladite Compagnie, pour chacun Tonneau des Marchandises qui seront chargées en France pour porter esdits Pays, & de celles qui seront chargées esdits Pays pour retourner en France, il sera rapporté outre les certifications de deux Directeurs de ladite Compagnie, des Certificats en bonne & duë forme des Contrôlleurs des Cinq-Grosses Fermes, ou autres qui seront établis par Sa Majesté pour cet effet, contenant le nombre & qualité des Marchandises dont ils seront chargez. Fait le onziéme jour de Septembre mil six cens soixante-quatre. Collationné. Signé, RICHER.

Registrées en la Cour des Aydes, oüy le Procureur General du Roy, pour estre executées selon leur forme & teneur. A Paris en ladite Cour des Aydes le 22. Septembre 1664. Signé, DUMOULIN.

Arrest d'Enregistrement de la Cour des Aydes.

VEU par la Cour les Lettres Patentes du Roy en forme d'Edit données à Vincennes au mois d'Aoust 1664. signées LOUIS, & plus bas, Par le Roy, DE GUENEGAUD, & scellées du grand Sceau de cire verte, portant etablissement de la Compagnie du Commerce des Indes Orientales, ainsi que plus au long le contiennent, lesdites Lettres à la Cour adressantes pour la vérification & enregistrement d'icelles, Conclusions du Procureur General du Roy, & tout considéré, LA COUR a ordonné & ordonne, que lesdites Lettres seront registrées au Greffe d'icelle, pour estre executées selon leur forme & teneur à la charge que les procés & differens dont la connoissance appartient à ladite Cour par les Ordonnances, Edits

& Déclarations du Roy, ne pourront estre traitez ailleurs qu'en icelle, & que copies collationnées desdites Lettres, ensemble du présent Arrest, seront envoyées ès Elections & Greniers à Sel du Ressort de ladite Cour, pour estre lûës & publiées les Audiences tenantes, & executées à la diligence des Substituts du Procureur General, qui certifieront ladite Cour de leurs diligences au mois. Prononcé le vingt-deuxiéme jour de Septembre 1664. Collationné. Signé, DUMOULIN.

DECLARATION DU ROY,

EN faveur de la Compagnie des Indes Orientales.

Du premier Juillet 1665.

Et verifiée en Parlement le trois Septembre de la même année.

LOUIS par la Grace de Dieu, Roy de France & de Navarre : A tous ceux qui ces Presentes Verront, SALUT. Le dessein que Nous avons formé pour l'établissement d'une Compagnie de Commerce pour les Indes Orientales, ayant eu tout le succez que nous pouvions desirer par le concours d'un grand nombre de nos Subjets de toute condition, qui secondant nos bonnes intentions ont pris part dans cette entreprise, dont le progrez augmentera sans doute la richesse de nos Subjets & la reputation de nostre Couronne; Nous avons reconnu qu'il estoit necessaire d'apporter quelque changement au premier ordre estably pour en rendre la Direction plus solide & plus considerable. Et d'autant que par nos Lettres de Déclaration du mois d'Avril 1664. Registrées où besoin a esté, Nous aurions entre autres choses arresté & reglé par les douze & treiziéme Articles d'icelles, le nombre & qualité de ceux qui pourroient estre nommez & choisis pour Directeurs, tant de la Chambre generale de la Direction de Paris, que des Chambres des Directions particulieres des Provinces, & l'interest que chacun devroit avoir pour estre admis ausdite Directions, & pour avoir voix deliberative dans les Assemblée generales qui se tiendroient pour les Affaires de ladite Compagnie; Et ordonné que du nombre des douze

Directeurs de nostre bonne Ville de Paris, faisant partie des vingt-un, dont ladite Chambre de la Direction generale doit estre composée, les trois quarts au moins seroient choisis des Marchands & Negocians actuellement, & l'autre quart tant des Marchands retirez du Commerce, que de nos Secretaires, Maison & Couronne ayant esté dans le Commerce, ou de deux Bourgeois, quoyqu'ils n'eussent fait aucun commerce, sans que ledit nombre pust estre augmenté, & encore, qu'aucun des Interessez de ladite Compagnie ne pourroit avoir voix déliberative pour l'élection des Directeurs, Caissier, Secretaire & Teneur de Livres, s'il n'estoit interessé du moins de six mil livres, ny élû pour estre Directeur de la Chambre de la Direction generale, s'il n'avoit du moins vingt mil livres, & Directeur pour les Directions des Provinces dix mil livres, le tout de capital en ladite Compagnie, & par autre Declaration du vingt-septiéme jour dudit mois d'Aoust, aussi registrée en nos Cours Souveraines, Nous aurions ordonné pour les considerations y contenuës, que nos Officiers qui ont l'honneur d'entrer dans nos Conseils, ceux de nos Cours Souveraines, & autres Officiers de nostre Royaume, qui seroient interessez dans ladite Compagnie, pourroient connoistre & juger de tous procés & differens en matiere civile & criminelle, d'entre ladite Compagnie ou Interessez, & les particuliers contre lesquels ils auroient à demander ou deffendre, pour raison des affaires d'icelle, sans que sous pretexte dudit interest, lesdits Officiers pussent estre aucunement recusez, ny mêmes leurs parens, avec défenses à nosdites Cours & Juges de recevoir aucune Requeste de récusation à cause de ce, contre lesdits Officiers, & à eux de s'abstenir de connoistre desdits procés & differens, nonobstant toutes Ordonnances, Arrests & Reglemens à ce contraires, ausquels pour ce regard nous aurions derogé. Ensuite de quoy, plusieurs des Officiers de nos Cours Souveraines, & autres nos Officiers, Corps & Communautez de nostre Royaume se feroient interessez dans ladite Compagnie, & les autres en auroient esté retenus, même quantité de Gentilshommes, Officiers de Finances, Financiers & autres particuliers & Communautez, à cause de leur exclusion precise & formelle de pouvoir estre nommez & choisis pour Directeurs, quoyque dans tous ces Corps il y ait plusieurs personnes qui ont une parfaite connoissance des constructions & équipages des Vaisseaux, & même de la Navigation & des Voyages de long cours, de l'assistance desquels ladite Compagnie se trouveroit privée, si lesdits Articles de nostre Declaration avoient lieu. Surquoy la plus grande part des Interessez nous auroient fait leurs tres-humbles remonstrances, sur lesquelles ayant fait reflexion, & consideré que dans le nombre des Directeurs, il estoit plus avantageux, & en quelque façon necessaire, de choisir de tous les Corps, des personnes de poids & de consideration, pour y estre employez, & modifier à cet égard l'Article XI. de nostredite Declaration, Nous aurions fait convoquer une assemblée de tous les Interessez à ladite Compagnie jusqu'à six mil livres, & au-dessus, en nostre Chasteau du Louvre, pour nommer les Directeurs de nostre bonne Ville de Paris, & leur ayant fait entendre nostre intention, lesdits Interessez auroient donné leurs avis par billets cachetez, lesquels ensuite ayant esté ouverts en nostre presence, suivant la pluralité des voix, Nous aurions declaré par nostre Résultat du vingtiéme jour de Mars dernier, le Sieur Colbert Conseiller en nostre Conseil Royal, & Intendant de nos Finances, Chef & Président de ladite Compagnie, & Directeur pour Nous; les Princes de notre Sang, & toute nostre Cour, & nommé le Sieur Prevost des Marchands, comme chef du Commerce, pour présider en son absence à ladite Compagnie; le Sieur de Thou Conseiller en nos Conseils, cy-devant President en nostre Parlement de Paris, & nostre Ambassadeur en Hollande, Directeur pour les Officiers de nos Cours Souveraines, & autres Officiers de la Robe; le Sieur Berryer nostre Conseiller & Secretaire ordinaire de nostre Conseil, Directeur pour les Officiers des Finances & Financiers; Et les Sieurs Pocquelin, Cadeau, Langlois, Bachelier, Jabach, Herinx, de Faye, Chanlatte & de Varennes, Directeurs pour les Bourgeois & personnes du Commerce. Ensuite dequoy, tous lesdits Directeurs s'estans assemblez, & ayant examiné les Livres des affaires de ladite Compagnie, & les ayant trouvez en bon estat, & la balance desdits Livres juste & égale, ils nous auroient trés-humblement suppliez de vouloir prononcer sur la décharge des Syndics pour leur administration, & ordonner que les

Interessez des Provinces qui se seroient Interessez jusqu'à six mil livres, pourroient estre élûs Directeurs des Chambres particulieres des Provinces, & prolonger jusqu'au dernier Septembre prochain, le temps porté par nostre Déclaration, pour clore & arrêter le fond capital de ladite Compagnie, & établir des Juges pour la punition des Officiers, Soldats, Matelots & autres gens d'Equipage, qui deserteroient & quitteroient sans congé, le service de ladite Compagnie, même déclarer nostre volonté sur le nom de l'Isle de Madagascar ou saint Laurent, en laquelle doit estre le principal établissement de ladite Compagnie, & permettre à ladite Compagnie de bailler des portions des Terres de ladite Isle Dauphine, & autres à eux concedées en proprieté par nostredite Déclaration, à telles personnes que bon leur semblera, sous des titres honorables de Marquisats, Comtez, Vicomtez, Baronnies, Chastellenies, Justices hautes, moyennes & basses, droits de presentations aux benefices, vacations advenant, pouvoir d'y bâtir des Maisons & Chasteaux à Pont-levis, afin de se fortifier esdits lieux, les décorer & les rendre plus avantageux pour ledit établissement, & charger lesdites Terres de telles redevances qu'ils jugeroient raisonnables, & permettre ausdits Directeurs de faire expedier à la Chancellerie de ladite Isle, les Lettres d'érection & concession desdites Terres, dont ils conviendront avec les particuliers avec lesquels ils feront des Contracts, à la charge que les Lettres desdites concessions seront registrées au Conseil Souverain de ladite Isle, & que ceux qui auroient lesdites Terres ainsi qualifiées, & qui auroient demeuré actuellement cinq ans en ladite Isle, estans de retour en France, pourroient se qualifier du nom & titre desdites Terres, & porter les armes qui y sont attribuées, tout ainsi que ceux qui ont des Terres avec pareils titres dans nostre Royaume, & attendu que l'établissement de ce Commerce causera l'utilité de tout nostre Royaume, & que la plus grande partie des Interessez en ladite Compagnie, ont les Privileges attribuez à nos Conseillers & Secretaires, Maison & Couronne, déclarer ladite Compagnie exempte des droits de nos grandes & petites Chancelleries, Greffes, Controlles de nos Cours Souveraines, & autres Jurisdictions, & faire défenses à toutes personnes d'en exiger, à peine de concussion. A CES CAUSES, aprés nous estre fait representer en nostre Conseil nos susdites Déclarations & Arrests d'enregistrement d'icelles, de l'avis d'iceluy, où estoient la Reine nostre trés-honorée Dame & Mere, nostre trés-cher Frere Unique le Duc d'Orleans, & plusieurs Princes de nostre Sang, & autres grands & notables personnages de nostre Conseil, & de nostre certaine science, pleine puissance & autorité Royale, avons par ces Présentes signées de nostre main, approuvé & ratifié la nomination faite ledit jour vingtiéme Mars, des Directeurs pour la Compagnie des Indes Orientales, aux titres, rangs & conditions portées par ladite Election & Nomination, pour les temps & termes portez par nostredite Déclaration du mois d'Aoust 1664. Ordonné & ordonnons, que les Syndics qui ont geré les affaires de ladite Compagnie, jusqu'au jour de la nomination desdits Directeurs, demeureront déchargez de leur administration, conformément à l'Article XI. de nostredite Déclaration, laquelle interpretant, nous avons dit, statué & ordonné, disons, statuons & ordonnons, voulons & nous plaist, qe le Prevost des Marchands de nostre bonne Ville de Paris, comme Chef du Commerce, soit toûjours en vertu de son Election en ladite charge, sans qu'il soit besoin d'autre second President en ladite Chambre de la Direction generale. Et à l'égard des douze Directeurs, il y en aura toûjous un pour nous, & tous les Princes, Officiers de nostre Couronne, & Seigneurs de nostre Cour & suite, qui sera par nous nommé, pour estre Chef perpetuel & Président de ladite Compagnie, un de nos Officiers de Robbe, & un Officier de nos Finances, & neuf autres Marchands & Négocians actuellement, ou qui auront quitté le Commerce. Et à l'égard des Directeurs, pour composer les Chambres des Directions particulieres, ils seront nommez & choisis par les Interessez des Villes & Provinces, qui auront mis en fonds la somme de trois mille livres & au-dessus, du nombre de ceux qui seront Interessez en la Compagnie pour six mille livres & au-dessus, desquels ils deputeront en chacun lieu, le nombre qui avoit esté arrêté par la Chambre de la Direction generale, pour faire part de ladite Chambre, & pour donner lieu à tous nos Sujets, qui n'ont eu jusqu'à présent la connoissance de ladite Compagnie, & n'ont pu se mettre en estat de participer aux avantages d'icelle, nous avons prolongé le temps de la cloture du fonds capital de ladite Compagnie, jusqu'au dernier jour de Septembre prochain inclusivement, lequel passé, nul n'y sera plus reçu, & ne pourront aucuns desdits Interessez estre tenus de fournir plus grandes sommes que celles de leurs premiers engagemens, pour quelque cause, & sous quelque prétexte que ce puisse estre, conformément aux Articles premier & deuxiéme de nostredite Déclaration du mois d'Aoust 1664. Et afin de contenir dans le devoir tous les Officiers & Soldats, Pilotes, Matelots, & gens des Epuipages, en cas qu'aucun de ceux desdites qualitez qui se seroient engagez au service de ladite Compagnie, commette quelque crime, ou déserte, & se retire du service, sans le congé exprés & par écrit des Directeurs d'icelle, ou de ceux qui auront leur pouvoir spécial à cet effet, Nous Ordonnons, Voulons & nous plaît, que leurs Procés leur soit fait suivant nos Ordonnances, & l'usage de la Marine, tant avant que depuis l'embarquement, & seront les Decrets executez nonobstant oppositions, appellations & autres empêchemens quelconques, pour lesquels ne sera differé, & comme le principal établissement de la Compagnie doit estre dans l'Isle appellée jusqu'à présent de Madagascar, que nous avons concedée à ladite Compagnie par nostre Déclaration du mois d'Aoust 1664. aux conditions y mentionnées, comme nous estant le seul Souverain qui y ait présentement des Forteresses & des Habitations, pour reconnoistre envers Dieu les graces qu'il verse tous les jours si abondamment sur nostre famille Royale, & particulierement d'avoir bény nostre mariage de la naissance d'un Dauphin, qui dans son enfance nous donne deja de si belles esperances, de seconder en son temps la pieté & la vertu de nos Ayeuls, nous voulons que ladite Isle de Madagascar soit dorénavant appellé L'ISLE DAUPHINE, & soit marquée & reconnuë sous ce nom, dans tous les Actes publics qui se feront dans nostre Conseil Souverain de ladite Isle, & generalement par tout ailleurs, ou on en fera mention. Permettons ausdits Directeurs de bailler les Terres de ladite Isle & autres à eux concedées par nosdites Lettres de Déclaration, avec tels titres honorables qu'ils aviseront bon estre, haute, moyenne & basse Justice, dont les appellations releveront à nostre Conseil Souverain en ladite Isle, & vacation des Cures advenant, le droit, de présenter aux Prélats qui seront instituez dans ladite Isle, des Prestres, gens capables & de bonnes mœurs, pour Curez des Paroisses, pour l'entretien desquels & des Prélats & Ecclesiastiques de ladite Isle, ils chargeront lesdites Terres, de la redevance du centiéme de tous les fruits qui se percevront, & qui seront sujets à dixmage, suivant la coûtume de nôtre Prevôté & Vicomté de Paris, qui seront distribuez, sçavoir les deux tiers pour les Curez qui desserviront lesdites Paroisses, & l'autre tiers pour les Prélats & autres Ecclesiastiques Superieurs de ladite Isle. Permettons ausdits Directeurs, de faire expedier les titres desdites concessions, en nostre Chancellerie établie prés nostre Conseil Souverain de ladite Isle, auquel nous voulons lesdits titres estre registrez, & pourront les Proprietaires desdites Terres, aprés avoir demeuré cinq ans actuellement en ladite Isle Dauphine, estant de retour en nostre Royaume de France, prendre les titres & qualitez desdites Terres, & porter les armes qui leur appartiendront, tout ainsi que font ou doivent faire les autres Proprietaires de Terres de même qualité. Voulons & nous plaist, que ladite Compagnie soit exempte pour toûjours, tant pour les affaires civiles que criminelles de ladite Compagnie, & de celles où elle prendra interests, des droits de nos grandes & petites Chancelleries, & de tous droits de Greffes & Controlles, tant de nos Cours Souveraines qu'autres Sieges, & joüissent de toutes les autres exemptions, dont nos Conseillers & Secretaires joüissent. Faisons trés expresses deffenses à toutes personnes de les y troubler, & d'en exiger, sous quelque pretexte que ce soit, à peine de concussion. Voulant au surplus que nosdites Lettres de Déclaration du mois d'Aoust 1664. en ce qui n'est interpreté ou dérogé à icelles par ces Présentes, soient executées selon leur forme & teneur. SI DONNONS EN MANDEMENT à nos amez & féaux Conseillers, les gens tenans nostre Cour de Parlement à Paris, que ces Présentes ils fassent lire, publier & registrer, & le contenu en icelles garder & observer selon leur forme & teneur : CAR tel est nostre plaisir, en témoin de quoy nous avons fait mettre nôtre Scel à cesdites Présentes. DONNÉ à saint Germain en Laye le premier jour de Juillet, l'an de grace mil six cens soixante-cinq, & de nostre Regne le vingt-troisiéme. Signé, LOUIS, *Et plus bas*, Par le Roy, DE GUENEGAUD, & Scellé du grand Sceau de cire jaune.

Registrées, ouy le Procureur General du Roy, pour estre executées aux charges portées par l'Arrest de ce jour. A Paris, en Parlement, le troisiéme Septembre mil six cens soixante-cinq. Signé, ROBERT.

ARREST DU CONSEIL D'ESTAT DU ROY.

Du vingt-troisiéme Avril 1665.

QUI exempte de tous Droits d'Entrée & de Sortie, & Locaux les Marchandises, Vaisseaux, Agrez, Aparaux, Victuailles, & autres choses appartenant à la Compagnie des Indes Orientales.

Extrait des Registres du Conseil d'Estat.

LE Roy ayant esté informé des difficultez que font les Commis préposez pour la recette & perception des droits des Cinq Grosses Fermes, Convoy & Comptablie de Bordeaux, Patentes de Languedoc, Aydes & Fret des Vaisseaux étrangers, & autres droits de Sa Majesté, soit de laisser entrer & sortir les Vaisseaux, Agrez, Aparaux, Armes, Munitions, Marchandises, Victuailles, & autres choses qui passent, entrent & sortent dans les Villes, Ports & Havres du Royaume servans aux Embarquemens & Commerce de la Compagnie du Commerce des Indes Orientales, sous les certifications des correspondans & autres employez pour les affaires d'icelles, de n'avoir payé aucune chose desdits droits & soumission, de faire payer par ladite Compagnie ce qui en sera dû, voulant lesdits Commis obliger lesdits correspondans, de leur payer comptant lesdits droits d'Entrée & de Sortie, & autres dûs aux Roy, ce qui est contraire à la Declaration de Sa Majesté pour l'établissement de ladite Compagnie, par laquelle Sa Majesté luy a accordé plusieurs privileges & exemptions, de partie desdits droits, desquels Sa Majesté desire les faire joüir & indemniser les Fermiers desdites Fermes de ce qui leur pourra estre dû, & en ce faisant accelerer autant qu'il se pourra les affaires de ladite Compagnie, dont le retardement cause un prejudice notable: Oüy le Rapport du Sieur Colbert Conseiller ordinaire au Conseil Royal & Intendant des Finances: SA MAJESTE' EN SON CONSEIL, a ordonné & ordonne aux Receveurs, Commis preposez & autres personnes employées à la recette & perception des droits des Cinq Grosses Fermes, Convoy & Comptablie de Bordeaux, Patentes de Languedoc, Aydes, droits de Fret de Vaisseaux étrangers dans les Villes, Ports & Havres, de Dunkerque, Roüen, Dieppe, le Havre, Saint Malo, Nantes, la Rochelle, Saumur, Ingrandes, Orleans, Bordeaux, Bayonnes, Marseille & autres lieux du Royaume, de laisser librement passer, entrer & sortir toutes les Marchandises, Vaisseaux, Agrez, Aparaux, Victuailles & autres choses qui appartiendront à ladite Compagnie, en leur fournissant par les correspondans d'icelle leurs certifications au pied des Inventaires des choses qui seront entrées & sorties, lesquels contiendront que du contenu ausdits Inventaire & certifications, il n'aura esté payé aucune chose des droits dûs à Sa Majesté, & seront tenus les Sindics & Directeurs de ladite Compagnie, de compter quinze jours aprés chacun quartier éclû, avec les Interessez desdites Fermes, de ce qui leur sera dû, suivant lesdits Inventaire & certifications, & de leur payer lors en argent comptant, ce que la Compagnie pourra devoir desdits droits pour lesdites Marchandises, & leur donner certifications du surplus, pour sur icelle estre tenu compte par Sa Majesté, à chacun desdits Fermiers, de ce que Sa Majesté leur pourra devoir, pour les droits des choses desquelles Sa Majesté a accordé exemption à ladite Compagnie, aux termes & ainsi qu'il est porté par ladite Déclaration, que Sa Majesté veut estre executée, ensemble le présent Arrest, nonobstant oppositions & tous empêchemens, pour lesquels ne sera differé, & dont si aucuns interviennent, Sa Majesté reserve la connoissance à sa personne en son Conseil, & icelle interdite à toutes ses Cours & Juges. FAIT au Conseil d'Etat du Roy, tenu à Paris le vingt-troisiéme jour d'Avril mil six cens soixante cinq. Signé, BERRYER.

LOUIS par la grace de Dieu, Roy de France & de Navarre, Comte de Provence, Forcalquier & Terres adjacentes: Au premier des Huissiers de nostre Conseil, ou autre nostre Huissier ou Sergent sur ce requis, Nous te mandons & commandons, que l'Arrest dont l'extrait est cy-attaché sous le contre-seel de nostre Chancellerie, ce jourd'huy donné en nostre Conseil d'Etat, tu signifies aux Receveurs, Commis, Preposez & autres personnes employées à la recette & perception des droits des Cinq Grosses Fermes, Convoy & Comptablie de Bordeaux, Patentes de Languedoc, Aydes, droit de Fret des Vaisseaux étrangers dans les Villes, Ports & Havres de Dunkerque, Roüen, Dieppe, le Havre, saint Malo, Nantes, la Rochelle, Saumur, Orleans, Ingrandes, Bordeaux, Bayonne, Marseille & tous autres qu'il appartiendra, à ce qu'ils n'en pretendent cause d'ignorance, & faire pour l'entiere execution dudit Arrest toutes autres significations, commandemens, sommations & autres Actes & Exploits à ce requis & necessaires, sans autre permission, nonobstant clameur de haro, charte normande prise à partie, oppositions ou appellations quelconques pour lesquels ne sera differé, & dont, si aucunes interviennent, Nous nous en reservons la connoissance, & interdisons à toutes nos autres Cours & Juges: Voulons qu'aux coppies dudit Arrest & des Presentes collationnées par l'un de nos amez & feaux Conseillers & Secretaires, foy soit ajoûtée comme aux Originaux: CAR tel est nostre plaisir. DONNE' à Paris le vingt-troisiéme jour d'Avril, l'an de grace mil six cens soixante-cinq, & de nostre Regne le vingt-deuxiéme: *Et plus bas*, Par le Roy, Comte de Provence, en son Conseil. Signé, BERRYER. Et scellé du grand Sceau.

ARREST DU CONSEIL D'ESTAT DU ROY.

Du quinzième Juillet 1665.

QUI permet à la Compagnie des Indes Orientales de faire voiturer les Bois qui lui seront necessaires par tels endroits que bon lui semblera, même de faire abattre les Haïes des Pieces de Terres où les chemins sont mauvais, en indemnisant les Proprietaires, &c.

Extrait des Registres du Conseil d'Etat

SUR ce qui a esté represénté au Roy en son Conseil par les Directeurs de la Chambre generale de la Compagnie du Commerce des Indes Orientales, qu'ils font travailler és Provinces d'Anjou, le Mayne, Normandie, Bretagne, Guyenne, Poitou & autres du Royaume, par quantité de Charpentiers, pour préparer du bois, & le mettre en état de servir au bâtiment de grand nombre de Vaisseaux, dont les Supplians ont besoin pour ledit Commerce; que les pieces les plus necessaires sont Lesquilles, Estaune, Carlingues & Estambors, lesquelles & quelques autres sont d'une telle longueur & grosseur, qu'il faut avoir le plus souvent deux charettes pour les charger, & grand nombre de chevaux & bœufs pour les charoyer, ce qui fait que rarement les chemins se trouvent disposez à cette conduite, & met les Entrepreneurs dans la necessité d'ouvrir les pieces de terres ou les chemins sont mauvais ou trop étroits, & incommodes pour y passer: Et comme cette entreprise est pour un bien public, la plûpart des Proprietaires non-seulement le souffrent, mais mêmes abatent eux-mêmes les hayes, & font les brêches pour entrer dans leurs pieces de terres, mais d'autres mal-intentionnez & de mauvaise humeur, veulent quelquefois s'y opposer, ce qui apporteroit un préjudice trés-notable aux affaires de ladite Compagnie, qui est sous l'entiere protection du Roy. Requeroient à ces causes lesdits Supplians, qu'il plût à Sa Majesté sur ce leur pourvoir: OUY le Rapport

Rapport du Sieur Colbert Conseiller ordinaire au Conseil Royal, Intendant des Finances. LE ROY EN SON CONSEIL a permis & permet ausdits Directeurs de faire charoyer & voiturer les pieces de bois necessaires pour les bâtimens des vaisseaux servans à ladite Compagnie, par tels lieux & endroits qu'ils aviseront bon estre, même faire ouvrir & abatre les hayes des pieces de terre, ou les chemins sont mauvais ou trop étroits pour y passer, en dédommageant les Particuliers Proprietaires desdites Terres de la perte qu'ils pourront souffrir, suivant l'estimation qui en sera faite entre eux à l'amiable, sinon par le premier Juge des lieux sur ce requis: Et à ce moyen, fait Sa Majesté trés-expresses défenses ausdits Proprietaires d'empêcher le passage desdites pieces de bois, à peine de trois mille livres d'amende, & de tous dépens, dommages & interests que pourroit souffrir ladite Compagnie: Et sera le present Arrest executé nonobstant oppositions, appellations & autres empêchemens quelconques, pour lesquels ne sera differé, & dont si aucuns interviennent, Sa Majesté s'en reserve la connoissance en son Conseil, & icelle interdit à tous autres Juges. FAIT au Conseil d'Etat du Roy, tenu à Paris le quinziéme jour de Juillet mil six cens soixante-cinq. Signé, BERRYER.

LOUIS par la grace de Dieu, Roy de France & de Navarre, Dauphin de Viennois, Comte de Valentinois, & Diois, Provence, Forcalquier & Terres adjacentes: Au premier des Huissiers de nos Conseils ou autre nostre Huissier ou Sergent sur ce requis: Nous te mandons & commandons que l'Arrest dont l'extrait est cy-attaché sous le contre-scel de nostre Chancellerie, ce jourd'huy donné en nostre Conseil d'Etat, Sur ce qui nous a esté representé par les Directeurs de la Chambre generale de la Compagnie du Commerce des Indes Orientales, tu signifies à tous qu'il appartiendra, à ce qu'ils n'en prétendent cause d'ignorance, & fais pour son entiere execution, toutes autres significations, commandemens, sommations, défenses y portées sur les peines y contenuës, & autres Actes & Exploits à ce requis & necessaires, sans autre permission, nonobstant clameur de Haro, Charte Normande, Prise à Partie & autres Lettres à ce contraires. Voulons que ledit Arrest soit executé, nonobstant oppositions, appellations & autres empêchemens quelconques, pour lesquels ne sera differé, & dont si aucuns interviennent, nous nous en reservons la connoissance en nostre Conseil, & icelle interdisons à tous autres Juges: Et sera ajouté foy comme aux originaux aux copies dudit Arrest & des Presentes collationnées par l'un de nos amez & feaux Conseillers & Secretaires: CAR tel est nostre plaisir. DONNE' à Paris le quinziéme jour de Juillet, l'an de grace mil six cens soixante-cinq, Et de nostre Regne, le vingt-troisiéme, Par le Roy Dauphin, Comte de Provence, en son Conseil. Signé, BERRYER. Et Scellé du grand Sceau.

ARREST DU CONSEIL D'ESTAT DU ROY.

Du quinziéme Juillet 1665.

QUI deffend de prendre prisonniers les Officiers, Commis & Engagez de la Compagnie des Indes Orientales pour dettes, ny de retenir leurs Outils & Hardes, &c.

Extrait des Registres du Conseil d'Etat.

SUr ce qui a été representé au Roy en son Conseil par les Directeurs de la Chambre generale de la Compagnie du Commerce des Indes Orientales, que pour l'établissement dudit Commerce dans les Indes, ils ont besoin de plusieurs Commis, Officiers, Matelots & Colons, que les Suplians engagent au service de ladite Compagnie, tant pour les Equipages de ses Vaisseaux, que pour établir en Colonies dans l'Isle Dauphine cy-devant nommée de S. Laurent, & auparavant de Madagascar, & par tout ailleurs dans les Indes, ou pour employer dans ses Comptoirs, que comme il y a peu de personnes fort accommodées qui veüillent prendre la résolution de faire de si longs voyages, ils sont obligez d'en engager aucuns, lesquels sont chargez de quelques dettes, & comme leurs creanciers ne peuvent esperer d'eux aucune chose, il les laissent vivre en repos. Neantmoins quant ils sont engagez, pour troubler les Supplians, aucuns desdits creanciers s'efforcent de faire arrêter les hardes & outils que les Supplians leur ont fait fournir, ou de les mettre prisonniers, quoyque contre toute raison, aucune personne ne pouvant estre arrêté és prisons en abandonnant leurs biens, comme font lesdits Engagez, & estans arrivez dans les Ports & Havres du Royaume, où la Compagnie fait équiper ses Vaisseaux, les dessusdits sont obligez d'y sejourner, en attendant que lesdits Vaisseaux soient en estat de faire voile, pour les lieux où les Supplians les destinent, qui bien souvent sont arrêtez par les vents contraires & autres accidens de mer, en sorte qu'aucuns desdits Engagez, par l'avidité que les Cabaretiers, Taverniers & Hôteliers desdits Ports & Havres & autres, ont de faire beaucoup de profit sur eux, les engagent insensiblement à des debauches & à faire des dépenses excessives, mais ensuite lesdits Cabaretiers, Taverniers, Hôteliers & autres, les contraignent de leur laisser pour gages leurs hardes, outils & autres choses servans pour leur usage à la culture des Terres, ou poursuivent contr'eux des condamnations devant les Juges des lieux, & en vertu d'icelles, les font arrêter prisonniers, tellement que lorsque les Vaisseaux de la Compagnie sont en estat de faire voile, leur départ en est empêché, lesdits Commis, Officiers, Matelots, Colons & autres personnes engagées au service de ladite Compagnie, se trouvant dans l'impuissance de pouvoir payer leurs dépenses, sont contraints d'abandonner leurs hardes, & s'ils s'embarquent, ils sont hors d'état de pouvoir subsister pendant le voyage, où ils sont arrêtez dans les prisons, ou désertent pour les éviter, ce qui cause un préjudice notable à ladite Compagnie, auquel il est trés-important de remedier, pour à quoy parvenir: SA MAJESTE' EN SON CONSEIL, ayant égard à ladite Requeste, a fait & fait trés-expresses inhibitions & deffenses aux creanciers desdits Engagez, Hôteliers, Cabaretiers & Taverniers des Ports & Havres de ce Royaume, où se feront les embarquemens de ladite Compagnie, & à toutes autres personnes de faire constituer, arrêter & retenir prisonniers, pour quelque cause, & sous quelque pretexte que ce soit, les Commis, Officiers, Matelots, Gens d'Equipage, Colons & autres personnes engagées au service de ladite Compagnie; saisir, arréter & retenir leurs hardes, outils & autres Instrumens & choses necessaires servans à leur usage & à la culture de la Terre, à tous Huissiers, Archers & Sergens de faire aucunes Contraintes ny Exploits, & à tous Concierges, Geolliers & Gardes des Prisons de les recevoir en leurs prisons, à peine de trois mille livres d'amende contre chacun contrevenant; & en cas qu'il ait esté arrété aucun des dessusdits, ou que leurs hardes, outils & équipages ayent esté saisis, Sa Majesté leur en a fait main-levée, à ce faire seront les Concierges & ceux qui auront lesdits effets entre leurs mains contraints, comme pour les deniers & affaires de Sa Majesté, le tout en vertu du présent Arrest, sauf aux creanciers des dessusdits à se pourvoir sur leurs autres biens, meubles & immeubles, par les voyes,& ainsi qu'ils verront estre à faire. Et sera le présent Arrest lû, publié & affiché par tout où besoin sera, & executé nonobstant oppositions, appellations & autres empéchemens quelconques, pour lesquels ne sera differé, & dont si aucuns interviennent, Sa Majesté s'en reserve la connoissance à sa personne en son Conseil Royal du Commerce, icelle interdit à toutes ses autres Cours & Juges. FAIT au Conseil d'Etat du Roy, tenu à Paris le quinziéme jour de Juillet mil six cens soixante-cinq. Signé, BERRYER.

LOUIS par la grace de Dieu, Roy de France & de Navarre, Dauphin de Viennois, Comte de Valentinois & Diois, Provence, Forcalquier & Terres adjacentes; Au premier des Huissiers de nos Conseils, ou autre nostre Huissier ou Sergent sur ce requis, Nous te mandons & commandons, que l'Arrest dont l'Extrait est cy-attaché sous le contre-scel de nostre Chancellerie, ce jourd'huy donné en nostre Consei d'Etat, sur ce qui nous a esté representé par les Directeurs de la Chambre generale de la Compagnie du Commerce des IndesOrientales, tu signifies à tous qu'il appartiendra, à ce qu'ils n'en prétendent cause d'ignorance, & fais pour son entiere execution, & de la main-levée y contenuë, toutes autres significations, commandemens, sommations, deffenses y portées sur les peines y contenuës, & autres Actes & Exploits à ce requis & necessaires, sans autre permission, nonobstant clameur de Haro, Charte Normande, prise à Partie, & autres Lettres à ce contraires: Voulons que ledit Arrest soit lû, publié, & affiché par tout où besoin sera, & executé nonobstant oppositions, appellations & autres empêchemens quelconques, pour lesquels ne sera differé, & dont, si aucuns interviennent, nous nous en réservons la connoissance à nostre Personne, en nostre Conseil Royal du Commerce, & icelle interdisons à toutes nos autres Cours & Juges; Et sera ajoûté foy comme aux originaux, aux copies dudit Arrest & des Présentes collationnées par l'un de nos amez & feaux Conseillers & Secretaires: CAR tel est nostre plaisir. DONNÉ à Paris le quinziéme jour de Juillet, l'an de grace mil six cens soixante-cinq, & de nostre Regne, le vingt-troisiéme. Par le Roy, Dauphin, Comte de Provence, en son Conseil. Signé, BERRYER. Et Scellé du grand Sceau.

ARREST DU CONSEIL D'ESTAT DU ROY.

Du vingt-neuviéme Juillet 1665.

QUI permet à la Compagnie des Indes Orientales de mettre dans les Magasins de la Rochelle & du Havre par Entrepôts les Marchandises qu'elle fera acheter dans les Pays de sa Concession.

Extrait des Registres du Conseil d'Estat.

SUR ce qui a esté representé au Roy en son Conseil par les Directeurs de la Chambre generale de la Compagnie du Commerce des Indes Orientales; qu'ayant plû à Sa Majesté par l'Edit de l'établissement de ladite Compagnie, luy accorder plusieurs privileges & exemptions pour l'entrée dans les Villes & la sortie d'icelles, de toutes les Marchandises & Dentées qu'elle fera passer & mettre dans ses Magasins, pour estre embarquées dans les Vaisseaux qu'elle envoye aux Pays de sa concession; neanmoins les Juges de Police de la Ville de la Rochelle, commis & preposez des Fermiers de

Sa Majesté audit lieu, & autres Villes du Royaume, pretendent empêcher l'entrée dans ladite Ville & autres Villes, Ports & Havres du Royaume, des Vins, Fers, Draps & autres Marchandises que les Commissionnaires de ladite Compagnie, acheptent dans les Provinces voisines, ou qui viennent des autres Provinces du Royaume & Pays Etrangers, pour faire passer ausdits Pays, quoyqu'à l'arrivée desdites Marchandises, lesdits Commissionnaires declarent qu'elles sont destinées pour y porter, voulans lesdits Commis des Fermiers, les obliger de payer les droits, ou donner leurs Soumissions, sous pretexte de certain privilege, qui deffend l'entrée en ladite Ville de la Rochelle de tous autres Vins que du crû de la banlieuë, afin d'y faire la consommation de ceux du Païs, qui autrement n'auroient pas beaucoup de débit, bien que ce privilege ne regarde que la consommation du dedans, & qu'il ne s'étende jusqu'aux Vins qui ne vont en ladite Ville que par entrepôt, & qui n'y entrent que pour en sortir sans changer de main, comme ceux que ladite Compagnie y fait voiturer, ainsi que toutes les autres Marchandises destinées dés l'achat, pour estre envoyées ausdits Pays de sa concession, à quoy voulant pourvoir. LE ROY EN SON CONSEIL, a permis & permet à ladite Compagnie des Indes Orientales & à ses Agens & Commissionnaires, de faire entrer & mettre dans ses Magasins établis à la Rochelle & le Havre par entrepôt seulement, tous les Vins, Fers & autres Marchandises, dont lesdits Directeurs auront besoin pour ladite Compagnie soit qu'elle les fasse acheter dans les Provinces voisines, ou qu'elle les fasse venir des Pays Etrangers, pour faire passer aux Pays de sa concession. Fait défenses aux Juges de Police de ladite Ville, Fermiers desdites Fermes, leurs Commis & à tous autres, d'y apporter aucun trouble ou empêchement, ny de rien exiger desdits Commissionnaires pour raison de ce, à peine de tous dépens, dommages & interests. FAIT au Conseil d'Etat du Roy, tenu à Paris le vingt-neuviéme jour de Juillet mil six cens soixante-cinq. Collationné. Signé, BERRYER.

LOUIS par la grace de Dieu, Roy de France & de Navarre : Au premier des Huissiers de nos Conseils ou autre nostre Huissier ou Sergent sur ce requis, Nous te mandons & commandons, que l'Arrest dont l'extrait est cy-attaché sous le contre-scel de nostre Chancellerie, ce jourd'huy donné en nostre Conseil d'Etat, sur ce qui nous a esté representé par les Directeurs de la Chambre general de la Compagnie du Commerce des Indes Orientales, tu signifies aux Juges de la Police de nostre Ville de la Rochelle, & aux Fermiers de nos Fermes, leurs Commis & preposez dénommez audit Arrest, & à tous autres qu'il appartiendra, à ce qu'ils n'en pretendent cause d'ignorance, & fais pour son entiere execution, toutes autres significations, commandemens, sommations, deffenses y portées sur les peines y contenuës, & autres Actes & Exploits à ce requis & necessaires, sans autre permission, nonobstant clameur de Haro, Charte Normande, Prise à Partie, & autres Lettres à ce contraires: Et sera ajoûté foy comme aux originaux, aux copies dudit Arrest & des Présentes collationnées par l'un de nos amez & feaux Conseillers & Secretaires: CAR tel est nostre plaisir. DONNÉ à Paris le vingt-neuviéme jour de Juillet, l'an de grace mil six cens soixante-cinq, & de nostre Regne le vingt-troisiéme, Par le Roy en son Conseil. Signé, BERRYER. Et Scellé du grand Sceau.

ARREST DU CONSEIL D'ESTAT DU ROY.

Du vingt-sixiéme Aoust 1665.

QUI décharge la Compagnie des Indes Orientales du droit de 35 sols 11 den. par Muid de Sel prétendu par les Officiers du Grenier à Sel du Havre, & deffend d'exiger plus de 10 sols par muid de tout le Sel qu'elle aura besoin, & qu'elle fera décharger & recharger audit Havre ou ailleurs par entrepôts seulement.

Extrait des Registres du Conseil d'Estat.

SUR ce qui a esté representé au Roy en son Conseil par les Directeurs de la Chambre generale du Commerce des Indes Orientales, que nonobstant les privileges concedez à la dite Compagnie par la Déclaration de Sa Majesté du mois d'Aoust 1664. pour son Etablissement, portant que les Directeurs d'icelle pourroient prendre par chacun an, cent muids de Sel au Grenier du Havre, pour la salaison des viandes necessaires pour les victuailles des hommes des Equipages de ses Vaisseaux & Marchands, Commis & autres personnes qu'elle envoye au Pays de sa concession, en payant seulement le prix du Marchand qui est cinq sols pour minot, neanmoins les Interessez en la Ferme des Gabelles de France, pretendent empêcher les Supplians d'en faire apporter au Havre sur leurs Vaisseaux, & les Officiers du Grenier à Sel du Havre veulent assujettir les commis & preposez des Supplians de leur payer le droit de trente-cinq sols onze deniers pour chacun muid de Sel, & les veulent empêcher d'en faire decharger audit lieu du Havre ou ailleurs, par entrepôt seulement, pour estre employé à la salaison des viandes, ainsi que les Marchands font le Sel dont ils ont besoin allant à la pêche des Molues, partant requeroient lesdits Directeurs, qu'il plût à Sa Majesté, sur ce leur pourvoir. Vû l'Edit d'établissement de ladite Compagnie; Et oüy le Rapport du Sieur Colbert Conseiller ordinaire au Conseil Royal, & Intendant des Finances. LE ROY EN SON CONSEIL, a déchargé & decharge la Compagnie des Indes Orientales, du payement du droit de trente-cinq sols onze deniers pour muid de Sel, pretendu par les Officiers du Grenier à Sel du Havre, ausquels & à tous autres, Sa Majesté fait défenses d'exiger de ladite Compagnie ou de ses Agens & Commissionnaires, autre ny plus grand droit que celuy de dix sols pour muid de Sel appellé de Marchand, pour le Sel qu'elle fera décharger & recharger audit Havre ou ailleurs par entrepôt seulement, & dont elle aura besoin pour servir à la salaison des viandes qu'elle envoye au Pays de sa concession, à peine de tous dépens, dommages & interests. FAIT au Conseil d'Etat du Roy, tenu à Paris le vingt-sixiéme jour d'Aoust mil six cens soixante-cinq. Signé, BERRYER.

LOUIS par la grace de Dieu, Roy de France & de Navarre: Au premier des Huissiers de nos Conseils ou autre nostre Huissier ou Sergent sur ce requis, nous te mandons & commandons

commandons, que l'Arrest dont l'extrait est cy-attaché sous le contre-scel de nostre Chancellerie, ce jourd'huy donné en nostre Conseil d'Etat, sur la Requeste à nous presentee par les Directeurs de la Chambre generale du Commerce des Indes Orientales, tu signifies aux Officiers du Grenier à Sel du Havre, & tous autres qu'il appartiendra, à ce qu'ils n'en pretendent cause d'ignorance, & fais pour son entiere execution toutes significations, commandemens, sommations, deffenses y portées sur les peines y contenuës, & autres Actes & Exploits à ce requis & necessaires, sans autre permission, nonobstant clameur de Haro, Charte Normande, prise à Partie, & autres Lettres à ce contraires. Voulons qu'aux Copies dudit Arrest & des Présentes collationnées par l'un de nos amez & feaux Conseillers & Secretaires du Roy, foy soit ajoûtee comme aux Originaux: CAR tel est nostre plaisir. DONNÉ à Paris le vingt-sixiéme jour d'Aoust, l'an de grace mil six cens soixante-cinq: Et de nostre Regne le vingt-troisiéme, & plus bas, Par le Roy en son Conseil. Signé, BERRYER. Et Scellé du grand Sceau.

ARREST DU CONSEIL D'ESTAT DU ROY.

Du trentiéme Septembre 1665.

EN interprétation de l'Article XXXXIII. de l'Edit du mois d'Aoust 1664. pour l'etablissement de la Compagnie des Indes Orientales, portant, qu'il ne sera perçû aucuns droits d'Entrée ny de Sortie sur les Marchandises, Munitions de Guerres & de Bouches, ny sur les Bois, Chanvres, Toiles, Cordages, Goudrons, Canons & autres choses servans aux Equipages de ladite Compagnie, &c.

Extrait des Registres du Conseil d'Estat.

SUR ce qui a esté representé au Roy en son Conseil par les Directeurs de la Compagnie des Indes Orientales, que Sa Majesté ayant accordé à ladite Compagnie par l'Article

XXXXIII. de l'Edit de son establissement, l'exemption de tous droits d'Entrées & Sorties sur les Munitions de Guerres, Vivres & autres choses necessaires pour l'avitaillement & armement des Vaisseaux que la Compagnie équiperoit, même de tous les Bois, Cordages, Goudrons, Canons de fer & de fonte, & autres choses venant des Païs Etrangers, pour la construction des Navires qu'elle feroit bâtir en France, les Fermiers des cinq grosses Fermes, pretendent que ladite exemption ne doit avoir lieu, que pour les mêmes denrées que la Compagnie tire de France pour la construction & radoub desdits Vaisseaux, en sorte qu'ils pretendent en faire payer les droits, aux lieux où ils passent, pour estre portez aux Ports de Mer où se font les embarquemens & constructions desdits Vaisseaux, ce qui est absolument contraire à l'intention de Sa Majesté, qui a voulu par ces exemptions donner lieu à ladite Compagnie d'en faire bâtir un grand nombre, comme elle fait présentement en divers endroits: A quoy estant necessaire de pourvoir: LE ROY EN SON CONSEIL conformement audit Edit du mois d'Aoust 1664. & en interprétant l'Article XXXXIII. d'iceluy en tant que besoin seroit, a ordonné & ordonne, que ladite Compagnie des Indes Orientales, sera exempte de tous droits d'Entrée & Sortie de Munitions de Guerres, Vivres & autres choses necessaires pour l'avitaillement & armement des Vaisseaux qu'elle équipera, comme aussi de tous les Bois, Chanvres, Toilles à faire Voiles, Cordages, Goudrons, Canons de fer & fonte, Boulets & autres choses servans ausdits équipages, venans pour le compte de ladite Compagnie, tant des Pays Etrangers pour la construction des Navires qu'elle fera bâtir en France, que des Provinces de ce Royaume, à la charge que lesdites denrées seront employées à la construction & radoub de ses Vaisseaux, dont sera donné déclaration en passant aux lieux où se perçoivent lesdits droits, faisant deffenses aux Fermiers & Commis des cinq grosses Fermes, & autres de leur donner aucun empêchement. FAIT au Conseil d'Etat du Roy, tenu à Paris le trentiéme jour de Septembre mil six cens soixante-cinq. Signé, BERRYER.

LOUIS par la grace de Dieu, Roy de France & de Navarre : Au premier des Huissiers de nos Conseils, ou autre Huissier ou Sergent sur ce requis, Nous te mandons & commandons que l'Arrest dont l'Extrait est cy-attaché sous le Contre-Seel de nostre Chancellerie, ce jourd'huy donné en nostre Conseil d'Etat, sur la Requeste à Nous présentée par les Directeurs Generaux de la Compagnie des Indes Orientales : Tu signifies aux Fermiers & Commis des cinq Grosses Fermes y dénommez & tous autres qu'il appartiendra, à ce qu'ils n'en prétendent cause d'ignorance, & fais pour l'entiere execution dudit Arrest, & des deffenses y contenuës, tous Commandemens, Sommations, & autres Actes requis & necessaires sans autre permission, Voulons qu'aux Copies d'iceluy, & des Présentes collationnées par l'un de nos amez & feaux Conseillers & Secretaires, foy soit ajoûtée comme aux Originaux, nonobstant clameur de Haro, Charte Normande, & choses à ce contraires : CAR tel est nostre plaisir. DONNÉ à Paris le trentiéme jour de Septembre, l'an de grace mil six cens soixante-cinq, & de nostre Regne le vingt-troisiéme, Par le Roy en son Conseil. Signé, BERRYER.

DE PAR LE ROY.

STATUTS, ORDONNANCES ET REGLEMENS que la Compagnie établie pour le Commerce des Indes Orientales, veut & entend estre gardez & observez dans tous les lieux à elle concedez par Sa Majesté.

I. QUE le Saint Nom de Dieu soit honoré & respecté de tous les Habitans tant Soldats qu'autres, le Culte Divin exercé avec tout respect & humilité, & l'honneur rendu aux Prestres, Ecclesiastiques & Superieurs, à chacun selon sa vacation & institution.

II. CELUY qui jurera & blasphemera le S. Nom de Dieu, sera puny pour la premiere fois par reprehension & avertissement public, & s'il récidive sera mis au carcan six heures durant, & s'il continuë, sera puny rigoureusement & exemplairement, aprés avoir esté jugé par le Conseil, suivant la rigueur des Ordonnances du Royaume de France.

III. Celuy qui prendra par force une femme ou une fille, sera puny selon la rigueur des Ordonnances.

IV. Nul François ne se pourra marier à une originaire de l'Isle, si auparavant elle n'est instruite en la Religion Chrétienne, Catholique, Apostolique & Romaine, & qu'elle n'ait reçû le S. Sacrement de Baptême, & la Sainte Communion, dont il sera rapporté certificat des Superieurs de la Mission, & qu'il n'en ait obtenu permission du Commandant des lieux où ils seront établis.

V. Un François estant marié à une fille ou femme originaire de l'Isle, ne pourra quitter ou delaisser sa femme sous quelque prétexte que ce soit, sinon aux cas de separation qui se pratiquent dans le Royaume de France, & la separation ayant esté jugée, le mary pourra laisser sa femme, sans que pendant sa vie, il puisse convoler à de secondes nôces.

VI. Il est défendu trés-expressément à toutes personnes d'avoir & de retirer des femmes ou filles scandaleuses en leurs maisons, sur peine de punition exemplaire.

VII. Il est defendu à tous François de faire aucun tort, de prendre ou d'emporter aucune chose appartenant aux originaires du Païs, quelque petite qu'elle soit, à peine de restitution du double pour la premiere fois, & de punition exemplaire en cas de récidive.

VIII. Il est expressément défendu à toutes personnes de dérober ou voler quelque chose à un autre sur peine d'estre puny selon la rigueur des Loix du Royaume de France, & en outre de restituer le double de ce qu'il aura dérobé.

IX. Il est aussi trés-expressément defendu à toutes personnes de commettre aucun meurtre ou assassinat, soit en la personne d'un François, soit en celle d'un originaire du Pays, à peine d'estre puny selon la rigueur des Loix, & les Biens du condamné seront acquis & confisquez à la Compagnie.

X. Pareilles defenses sont faites de se battre en duel, à peine d'estre, celuy qui aura tué puny de mort, sans esperance de rémission, & le cadavre du mort mis au gibet pour servir d'exemple, les biens de l'un & de l'autre acquis & confisquez à la Compagnie.

XI. Défenses sont faites à toutes personnes de faire aucuns partis separez, ny de s'attrouper pour aller à la guerre contre les originaires du Pays, ny d'exiger d'eux aucune chose sous prétexte d'assistance ou autrement, sans au préalable avoir les ordres des Superieurs, à peine d'estre punis comme perturbateurs du repos public, & contraires à l'avantage & à l'utilité de la Compagnie.

XII. Il est trés-expressément défendu de vendre aucuns Habitans originaires du Pays comme Esclaves, ny d'en faire trafic, sur peine de la vie; & il est enjoint à tous les François qui les loüeront ou retiendront à leur service, de les traitter humainement, sans les molester ny les outrager, à peine de punition corporelle, s'il y échet.

XIII. Toutes les Ordonnances du Royaume de France seront ponctuellement observées dans ladite Isle de Madagascar & autres lieux par tous les Habitans chacun selon sa condition, sous les peines portées par icelles.

Fait & arrêté au Bureau General de la Compagnie des Indes Orientales, à Paris le vingt-sixiéme Octobre 1664.

Collationné aux Originaux, par Nous Conseiller-Secretaire du Roy, Maison, Couronne de France & de ses Finances.

TABLE

Des Pieces contenuës en ce présent Recuëil.

FIN DE LA TABLE.

www.ingramcontent.com/pod-product-compliance
Ingram Content Group UK Ltd.
Pitfield, Milton Keynes, MK11 3LW, UK
UKHW021518260726
13993UKWH00004B/1753

9 782329 254470